CHOIX

CHOIX

IL A ÉTÉ TIRÉ DE CE VOLUME
800 EXEMPLAIRES
DONT
400 EXEMPLAIRES DE LUXE
NUMÉROTÉS LUXE 1 A 400
ET
400 EXEMPLAIRES ORDINAIRES
HORS COMMERCE
NUMÉROTÉS H. C. 401 A 800

H. C. N° [illegible]

49, RUE DE BAGNEUX
GRAND-MONTROUGE
SEINE.
R. C. SEINE 145899

DRAEGER FRÈRES
IMPRIMEURS

SOCIÉTÉ EN COMMANDITE
PAR ACTIONS
AU CAPITAL DE
UN MILLION DE FRANCS

Paul Iribe nous a soumis
l'an dernier le projet "Choix"

Nous avons cru y trouver l'indication
d'une formule décorative
conforme à l'esprit français

Nous avons assuré la publication
de cet ouvrage et vous prions
d'en accepter l'hommage

G. Draeger frères

PAUL IRIBE

CHOIX

ÉDITIONS IRIBE
46, RUE DE BAGNEUX
MONTROUGE (SEINE)

Il n'est pas inutile d'insister sur ce point : dans les lignes qui suivent, il n'est parlé que des Industries du Luxe.

Le problème national et international de la production industrielle intensive des produits de première nécessité n'y est pas examiné.

C'est aux Chefs des Grandes Maisons françaises du luxe que ces quelques remarques s'adressent, c'est à leur examen qu'elles sont offertes.

De ces quelques remarques, tout jugement « artistique » est exclu, toute « critique d'Art » absente. Il n'est pas dit : « Ceci est beau, cela est laid ». Il n'est pas parlé d'un goût personnel, mais seulement de ventes et de marchés. Le seul point de vue en est celui de la prospérité — présente et future — de nos grandes industries françaises du luxe, par lesquelles notre génie s'exprime en s'industrialisant.

Réalisons loyalement ce que signifient aujourd'hui sur les marchés du monde, les mots : « Architecture française », « Meuble français », « Théâtre français », « Cinéma français », « Automobile française » et, hélas! « Goût français ». Qu'en est devenue la signification, dans un monde où, il y a quinze ans, le mot « français » attaché à un produit signifiait la Preuve par l'Exception?

Comment, en un temps si court, l'admirable prestige de ces industries que nous venons de citer (et la liste en pourrait être plus longue) a-t-il pu s'obscurcir?

Examinons impartialement ce qui vient d'être, décidons ensuite de ce qui sera, car les signes nous sont donnés que le moment du choix est venu.

La raison initiale de la crise que nous traversons, c'est notre deuil.

Après que tout fut détruit de ce qui allait devenir, que notre génie se soit recouvert du voile funèbre, quoi de plus noble et de plus vrai. Mais que ce deuil puisse devenir un Art et un Style, le désastre serait trop complet.

Que, plus que toute autre frappée, la femme française se soit, après la guerre, recouverte du voile funèbre, quoi de plus noble et de plus humain; mais que son deuil puisse durer toujours, le désastre serait irréparable. Profitant de ce deuil, une œuvre de destruction s'accomplit; protégées par ce deuil, des forces redoutables sont à l'assaut de notre génie. Selon le jeu de toujours, notre pavillon les couvre, car c'est toujours sous les couleurs de la pensée française que l'on tente de nous détruire.

La guerre finie, nos yeux fatigués d'une Patrie devenue champ de bataille, regardèrent au dehors : nous crûmes tous qu'ailleurs, cela était mieux qu'ici. Notre littérature devint une littérature d'exil. Nos écrivains voyagèrent et nous apprirent la géographie.

Étonnés de notre propre érudition, nous acceptâmes le triomphe du « Récit du Voyageur », et nous prîmes pour une nouvelle expression littéraire, une compilation de Baedeker et du Robinson suisse. Nous oubliâmes que « notre » Récit du Voyageur, sa limite est le « Voyage de Sparte » et que la littérature française n'est pas un Service de Renseignements. Nous acceptâmes le « fait », la « statistique », « l'examen » pathologique que l'on appela plus élégamment psychologique ; nous acceptâmes, en lieu d'une critique des mœurs, les plus mornes obscénités.

Nous acceptâmes la documentation en lieu d'intelligence, la description en lieu d'invention, la pédanterie en lieu de gaieté, l'étendue en lieu de profondeur.

Cette littérature étrangère à notre vérité française, devait insidieusement obscurcir la clarté du but à atteindre, fausser la raison de l'effort, mener à la confusion du moyen d'expression : on peignit de l'Einstein, on sculpta du Freud, on orchestra du Trotsky.

Imprégnés des idées étrangères de discipline et de dureté, nos architectes et nos artistes décorateurs construisirent, sur une base cubique, d'impitoyables et sûrs principes philosophiques, littéraires et sociaux.

Et la demeure devint la « Machine à habiter ».

Se réclamant des principes de discipline et de dureté, mais écartant la discipline qu'imposent les matériaux authentiques et durs, on découvrit le métal qui est bien la matière la plus invertébrée et la plus molle qui soit, puisqu'elle se prête à tout et, au nom d'une économie « moderne », on construisit des meubles de métal dont le prix de revient fut supérieur à celui d'un meuble de bois précieux. La paille remplaça le brocart, la coiffeuse fut d'acier trempé, le divan de ciment armé, le lit devint un cercueil.

Un théâtre « moderne » fut spécialement construit, non pour nous y faire entendre et voir des œuvres, des artistes, des décors nouveaux, mais la plus « moderne » machinerie... et des peintures de Chardin.

Le tissu, la robe, le chapeau furent conçus, non dans la volonté de rendre la femme plus séduisante, plus femme, mais pour répondre à des « Nécessités Modernes ». Et le bijou devint un « volume », une « note » ou un gri-gri.

Comment ne pas voir, dans ce multiple effort, une volonté de destruction des idées de clarté, de féminité et de luxe français?

Notre art décoratif si émouvant et si tendre, au lieu de continuer dans le sens de sa magnifique imperfection vivante, défaillit soudainement dans l'horrible perfection morte : le cube.

De luxueux, il devint hygiénique; de français, il devint pauvre.

Il laissa étouffer son génie sous le fatras d'une géométrie de primaires et, aveuglé par un délire d'angles, il ne vit pas que le cube, c'est la forme de la tombe.

Et c'est toujours un crépuscule tragique, dans l'histoire d'une civilisation que le moment où, sur son architecture et son art décoratif, vient s'étendre l'ombre du cercueil. De ce cercueil cubique dans lequel reposent tous les arts vivants qui touchèrent l'angle droit, et dans lequel le Louis XVI ensevelit le Louis XV, fin de notre grand art décoratif français.

Dans ce décor cruel dont « l'art moderne » a fait notre demeure, devant le mur de paille, près du fauteuil de dentiste et sur le coffre-fort noir, quoi de moins surprenant qu'un dieu du Dahomey se trouve « at home ».

Mais ils ne nous ont, pendant dix ans, parlé que de l'Art nègre; puisque nous sommes entre nous, parlons un peu de l'Art blanc.

Allons-nous garder à l'échelle d'un instinct dahoméen, notre génie français, ou bien, dans son libre épanouissement racial, lui laisser suivre ses destinées?

Le moment du choix est venu.

La femme française symbolisait, pour le monde, la femme; sa diversité, sa fantaisie, son luxe étaient le plaisir du monde et notre profit.

Son tact la fit se vêtir de deuil, mais que ce deuil persiste au point de tant détruire de la féminité de la femme française, de son instinct français de fantaisie et de luxe, atteignant du même coup tant d'industries essentiellement françaises, essayons d'en comprendre les raisons.

Il est accepté de les attribuer à la femme française, d'affirmer que nous ne faisons que suivre ses désirs; mais cela est-il vrai, et n'est-ce pas plutôt que, réalisant l'importance du dommage, nous essayons d'en déplacer la responsabilité?

Le mimétisme allant de l'animé à l'inanimé, la femme française devait insensiblement ressembler à ce qui l'entoure, et devenir comme sa demeure, froide, dure, asexuée. A s'endormir chaque nuit dans un cercueil, à s'éveiller chaque jour devant un mur de paille, qui pourrait la blâmer de refléter cet ennui?

Loin d'aider la femme française à retrouver ce qu'elle avait provisoirement abandonné, la Haute Couture exagéra le deuil, découvrit ensuite « l'émancipation », puis « le sport », et enfin « la distinction ». Et la femme fut en deuil, émancipée, sportive et distinguée.

Quel journal de modes français désireux de servir à la fois la femme française et les grandes industries du luxe qu'elle fait vivre, lui expliquera que ce qu'il y a de nouveau dans le « sport », c'est le nom?

Que nous ne pouvons en vouloir à la femme « moderne » d'être moins résistante et plus prudente que ses grand'mères; que nous ne lui demandons plus de chasser à courre ou même à pied, que nous comprenons pourquoi elle peut conduire une 40 CV et n'oserait conduire quatre chevaux, et qu'il lui est préférable, car moins fatigant, de se rendre à la Côte d'Azur en automobile, plutôt qu'en voiture, toutes choses que faisaient ses grand'mères dans leurs costumes si peu « grand sport » mais si féminins et si français.

Peut-on demander à la femme « moderne » si son activité est telle qu'il lui faille être en « sport » du matin jusqu'au matin ?

L'Amazone — l'ancienne — subissait, nous dit-on, l'ablation du sein droit, afin de mieux tirer à l'arc ; peut-on demander à notre « moderne amazone » si l'ablation de ses deux seins était indispensable pour conduire sa Citroën ?

Est-il nécessaire, pour marcher au Bois de Boulogne, le matin, de se recouvrir d'un « sweater » qui signifie un « vêtement à faire suer » et qui paraît bien ce qu'il signifie ?

Est-il nécessaire de le garder pour déjeuner chez Ciros et, souvent, dîner chez Larue ? Mais le plus « sport » dans cette mode, ce fut bien l'Industrie de la Mode qui, nonchalamment, sacrifia au « sweater » la blouse, le tailleur du matin, la robe du déjeuner, celle de l'après-midi.

Quel journal de modes français expliquera à notre femme française que le mot « distingué » signifie précisément le contraire de ce qu'elle croit ?

Qu'être « distingué » veut dire s'être fait distinguer, s'être différencié du commun, du vulgaire, du plus grand nombre. Que sous le prétexte de la rendre « distinguée », on lui imposa, à elle qui se distingua toujours, un uniforme d'anonymat.

Au lieu de se distinguer par sa variété, son invention, sa fantaisie, son luxe, la Mode française s'effaça humblement devant une soi-disant « distinction ». Une sorte de « standardisation » stérile lui fit garder le même et seul modèle pendant dix ans, un modèle « standard » que la « Machine » pouvait reproduire si facilement. Elle confondit le luxe avec le gros et crut naïvement faire du luxe parce qu'elle faisait du gros à la main.

Le chapeau fut digne de la Robe : il fut un. Et, pendant dix ans, on imposa à tous les visages, un impitoyable casque d'acier.

Revêtue de l'uniforme du nombre, notre femme française, dans cette innombrable foule, ne fut plus distinguée et, loin de tenter de l'en détacher, de la sauver de la cohue, une littérature lui parla du « Concept des Nécessités Modernes ».

Et toutes les possibilités de création, de fantaisie, de beauté et de luxe de la mode française, et tout son éblouissant génie, s'effacèrent devant une seule pensée : permettre à la femme de s'asseoir *confortablement* dans un cabriolet 5 CV, suprême expression du luxe français. Ce ne fut pas une voiture économique pour la France.

Émancipation, sport, distinction, nécessités modernes, voilà les explications qui nous sont données; mais il en est une autre, inavouée, et qui fut la véritable, car elle explique toutes les explications et absout la femme française : à 40 francs pour 1 dollar, la femme-or fut plus intéressante que la femme-papier.

Et l'on ne travailla que pour l'Etrangère, on abandonna tout pour lui plaire.

L'idée d'émancipation n'est pas française, elle est étrangère; l'idée de sport n'est pas française, elle est étrangère; la volonté exaspérée de distinction n'est pas française, elle est étrangère; la nécessité moderne, une mode conçue seulement pour la conduite de l'automobile, n'est pas française, elle est étrangère.

C'est pour la femme étrangère que la mode fut faite et la française n'eut pas le choix.

Mais il semble bien que la Mode française recommence à comprendre que son but, et celui de toutes les industries du luxe qui la composent, c'est d'aider la femme dans sa lutte éternelle contre le temps et la rendre longuement plus émouvante et plus belle.

Ce but français, allons-nous de nouveau le poursuivre, ou allons-nous continuer, dangereusement, à suivre les indications des acheteurs de Chicago?

Le moment du choix est venu.

A 40 francs pour 1 dollar, il fut excusable, — nécessaire sans doute — de tourner nos regards vers les possesseurs de l'or.

Nous fûmes éblouis. Nous établîmes des comparaisons impossibles entre l'Amérique du Nord et la France, et, rougissant de confusion à la révélation de la « Standardisation » et de la production en masse, nous décidâmes de nous « américaniser ».

Nous ne comprîmes pas pourquoi l'Amérique *devait* inventer la standardisation et se spécialiser dans la production massive, nous ne comprîmes pas que ce ne fut pas un choix, mais une fatalité.

Intimidés, en même temps, par cette force démesurée, nous regardâmes plus près de nous, et nous découvrîmes l'Europe, non pas *notre* Europe latine, mais l'Europe de

« l'Art Européen » : celle qui commence à Francfort et finit à Moukden. Et, sous le masque de l'Art, de la Musique et de la Littérature germano-soviétique, nous ne vîmes pas la grimace sournoise et hostile de l'Asie, mais nous connûmes le « Concept de la Machine », et notre esprit et notre art décoratif en furent enivrés.

Amérique, Europe, Cube, Machine : ces spéculations de l'esprit français, comme elles seraient curieuses à regarder si, par un subtil travail, elles ne filtraient de l'esprit à la littérature, de la littérature à l'art, de l'art à l'art appliqué, c'est-à-dire au produit de nos grandes industries.

Mais est-il nécessaire de dire que si pour l'artiste il n'y a que son authenticité qui compte, pour la race, cela est pareil.

Que notre seule vérité est de rendre la France plus France encore, puisque notre vérité ne peut être que Française et que la vérité des autres ne peut être qu'erreur pour nous.

Est-il donc si difficile de comprendre que, seule, notre personnalité compte ; qu'un produit français ne se vend en Amérique que parce qu'il est français, avec toutes les merveilleuses qualités et tous les merveilleux défauts que signifie ce mot ? Mais qu'un produit français « américanisé » ne peut se vendre en Amérique que sur la base d'une concurrence commerciale et industrielle qu'il ne nous est pas donné de concevoir ni de comprendre ?

Est-il possible de ne pas voir qu'à « européaniser » notre pensée et notre art, l'Europe a tout à gagner, la France tout à perdre ? Ne voyons-nous pas que le jour où « Made in Europa » estampillera nos produits, ce n'est pas nous qui en profiterons ?

Avec quelle minutieuse patience ne nous sommes-nous pas désarmés ! Avec quelle persévérance n'avons-nous pas détruit ce qui nous rendait sans concurrence !

Notre meuble français était sans concurrence, car il était à la fois luxueux et féminin, conçu pour la femme (qui achète plus de 60 °/₀ de ce qu'achète le Monde) et nous étions la seule race qui pouvait le créer. Insensiblement, depuis la guerre, cette qualité maîtresse nous l'avons progressivement détruite, nous ne faisons plus que du meuble d'homme et d'un modèle « standard » et nous nous trouvons maintenant entourés de ces concurrents formidables puisqu'ils sont depuis toujours, les spécialistes du meuble d'homme, l'anglais, l'allemand, l'américain.

Quels encouragements n'avons-nous pas apportés à cet art incertain, dans sa lutte acharnée contre les grandes industries des styles classiques français, dont il aurait dû être la projection dans la durée française, au lieu de la négation! Car prétendre exister en soi, comme le prétend cet art, cela n'est pas seulement une absurdité dans l'intelligence, cela est bien la plus extrême expression de l'humilité. Refuser la confrontation, comment n'avoir pas vu que c'était refuser de faire sa preuve par l'égalité de qualité? Comment n'y avons-nous pas vu qu'il était plus facile de détruire que d'ajouter?

Sans essayer de comprendre pourquoi les usines de M. Ford s'harmonisent mieux avec le ciel de Detroit qu'avec celui de l'Ile-de-France, nous en sommes arrivés à copier le *dessin* de la carrosserie américaine, à oublier que l'industrie de la carrosserie était française, la détruisant du même coup.

Oubliant que le dessin du tissu français en faisait un article prestigieux et unique sur les marchés du monde, nous avons fait du tissu uni, ou d'un tracé si puéril, si facile à imiter, que nous nous sommes mis ainsi en concurrence de fabrication avec des adversaires qui ne nous verraient pas, s'ils ne regardaient à leurs pieds.

Nous avons fait de notre robe française une robe unie au dessin mécanique et de gros, nous avons fait du chapeau uni au modèle de la robe, nous avons fait du bijou nègre.

Nous ne regardâmes pas les grandes industries du luxe français qui ne faillirent pas à elles-mêmes, et, parmi elles, le parfum, la chaussure de femme. Elles demeurèrent françaises, indifférentes au cube ou à la « machine ». Il ne paraît pas que leur prospérité en ait souffert, quoi qu'il y ait plus de beauté et d'art français dans la vitrine d'un grand parfumeur ou d'un grand bottier que dans bien de ces expositions « modernes » qui remplissent le Grand Palais.

Mais que sont devenues nos industries de la dentelle, de la broderie, de la voilette, de la plume, de la fleur artificielle? Étions-nous trop riches pour faire l'effort de les conserver?

N'avons-nous pas vu l'esprit de pauvreté qui se cachait dans le Cube, et ne voyons-nous pas que ce « Concept de la Machine » il n'est pas nôtre, que c'est un indigeste cocktail germano-américain frappé dans le shaker soviétique et que sa recette est de M. Henry Ford.

Car il n'est pas seulement un concept « littéraire » de la Machine, il en est aussi un concept « humanitaire », et ses apôtres offrent à notre adoration la Déesse Machine, nouvelle Déesse Raison.

Bien que dépassant l'intention de remarques adressées *uniquement* aux Industries du Luxe, la machine, dépourvue de littérature et d'humanitarisme, quel troublant problème ne nous pose-t-elle pas?...

Restriction volontaire de la production du pétrole, de l'acier, du cuivre, du charbon. Effondrement, aux États-Unis, des prix du coton et du blé. De la laine, en Australie. Du café, au Brésil. Du blé encore, en Argentine. Du sucre à Cuba et aux Philippines. Du caoutchouc dans les Indes Néerlandaises, etc.

De cette crise de surproduction, quelle peut être la cause, sinon la production intensive rendue possible par l'outillage?

Il y avait en Décembre, près de 3.000.000 de chômeurs aux États-Unis, 1.500.000 en Angleterre, 1.700.000 en Allemagne. En France, à la même date, Mille Cinq Cents.

Ce dernier chiffre semblerait-il humiliant pour notre amour-propre national, comparé à ces très grands nombres? L'instant est-il opportun d'affirmer que la France va périr, si elle n'adopte pas la standardisation et la production massive? Le conseil n'est-il pas — pour le moins — léger? Sans prêcher un retour puéril à l'artisanat, n'est-il pas plus simplement intelligent d'équilibrer production et consommation?

Cette machine à production massive, elle n'est pas seulement la machine à surproduire, elle est aussi la

« Machine à tuer le Luxe » : sous le règne de la Machine, la fleur ne fleurit pas. Mais il n'y a pas seulement les industries du charbon, du pétrole et du fer, et des milliers et des milliers d'hommes vivent de l'industrie de la fleur inutile : celle qui produit l'inutile parfum et celle qui orne inutilement les demeures qui ne sont pas encore des « machines à habiter ».

Et, pour ces milliers et ces milliers d'hommes, la fleur est aussi nécessaire que l'acier.

Allons-nous sacrifier la fleur sur l'autel du Cube et de la Machine?

Le moment du choix est venu.

La crise économique est là : comment allons-nous y faire face?

Dans un esprit de résignation ou de combat?

Cette crise, allons-nous oublier qu'il y en eut d'autres, et de plus grandes, allons-nous oublier que nous en connaissons les raisons : négligence anglaise, imprudence américaine, fatigue allemande. Allons-nous en conclure que l'Angleterre a disparu, que l'Amérique ne se relèvera pas, que l'Allemagne n'est plus ?

Allons-nous perdre notre temps à nous plaindre, à épiloguer sur des généralités vagues, allons-nous y voir des indications brumeuses de psychologie sociale, des signes d'obscurs et lourds événements à venir, ou bien allons-nous nous mettre au travail dès aujourd'hui ?

Puisque nous avons tant regardé l'Amérique, regardons encore ce qu'elle fait, car ce qu'elle fait aujourd'hui est de beaucoup plus étonnant et plus grand que ce que nous admirions béatement hier.

L'Amérique perdit la tête pendant trois heures et elle sait ce qu'il lui en a coûté. Mais elle ne perdit la tête que pendant trois heures. A la quatrième heure, le clair programme était déjà tracé. Le mot d'ordre ne fut pas « résignation », il fut « combat ». Il ne fut pas « économie » qui veut dire : arrêt, qui veut dire : mort. Il fut « en avant » dans le plus grand, le plus total effort, et cet effort, chaque Américain l'a fait sien.

Et ce programme qui *déjà* se réalise, signifie qu'avant dix ans, le monde se trouvera devant la plus formidable puissance de production qui n'ait jamais été.

Car la force de l'Amérique — ce qu'il faut lui envier — ce n'est ni son or, ni sa « standardisation », ni sa production massive : c'est son invincible enthousiasme.

De ce spectacle américain, que devons-nous conclure, si ce n'est que la crise américaine passée, et elle passera vite, la production américaine va atteindre une puissance que nous ne soupçonnons pas. Devant cette surproduction indiquant un point de saturation intérieure depuis longtemps dépassé, allons-nous essayer de vendre aux américains des produits « américanisés » et tenter la lutte sur une base de prix, ou allons-nous, au contraire, « surfranciser » nos produits et nous placer ainsi sur le seul terrain où nous puissions compter, et qui est la qualité ?

Car nous ne sommes pas la quantité; nous sommes la qualité; nous ne sommes pas le nombre, nous sommes l'innombrable individualité. Nous sommes ceux qui créent en face de ceux qui exploitent; ce que nous avons à vendre, c'est notre génie, et cela ne se fait pas à la machine et ne se vend pas au cube.

Dans un monde standardisé, quelle peut être notre seule raison, si ce n'est dans la création du modèle, que le monde standardisera? Ne voyons-nous pas que c'est sur ce modèle — qui fut toujours notre réelle spécialité

— que tout notre effort doit être fait ? A le créer sans cesse différent, sans cesse nécessaire, sans cesse français, et que notre plus grande richesse, elle est dans une invention créative incessante, diverse, inépuisable, comme notre génie. Au lieu de nous apitoyer sur nous-mêmes, devant l'exploitation dont nos modèles sont l'objet, démodons les modèles que nous venons de créer.

Allons-nous, alors que le monde travaille à retrouver la prospérité dans la paix, devenir négativement prudents, « attendre », attendre que la crise soit finie pour les autres et devenue vitale pour nous? Nous sommes le luxe du monde, nous sommes le marché où il s'achète, où l'on vient encore le chercher. Allons-nous laisser s'affaiblir par une pusillanimité aveugle, ou par des conceptions socialistico-littéraires et morales de Cube et de Machine, notre génie et notre plaisir du luxe ?

Nous avons considéré l'aviation, le cinéma, la radiophonie, comme de légers divertissements, et nous n'avons compris notre légère erreur que lorsque — dans d'autres mains plus positives — nous les avons vus prendre place parmi les plus puissantes industries du monde.

Notre luxe, notre sens de la féminité, notre gaieté, notre invention créatrice, notre Art comptent parmi nos grandes industries françaises : un jour, ce seront peut-être les seules.

Au lieu de les amoindrir, les ralentir, les arrêter et d'obliger peut-être une Amérique à créer son propre luxe (ce qui ne lui demanderait pas l'effort désespéré que nous pensons), rendons-les plus fortes, préparons-les à la prospérité qui doit venir.

L'intérêt égoïste de chaque individu, c'est l'intérêt supérieur de la Patrie.

Développer en puissance chaque industrie française, augmenter son rayonnement en la faisant redevenir essentiellement française, c'est non seulement être intelligent en affaires, c'est non seulement retrouver la suprématie sur les marchés du monde, c'est en même temps défendre une civilisation sacrée que guette, derrière un allemand alangui par le philtre oriental, l'asiate, qui se prépare à la ruée.

Il n'est pas besoin pour cela de « Comités de Propagande », de « Groupements de Défense », de « Syndicats d'Initiative », de « Patronage du Gouvernement », c'est de chacun de nous, c'est du fond de nous-mêmes que l'élan doit jaillir, c'est d'un état d'esprit individuel, d'un acte de foi joyeux, ardent et sûr.

Il nous faut décider soit de nous, soit de ces « Messieurs de l'Europe », de vouloir demeurer ou d'accepter de disparaître.

L'heure qui va sonner sera-t-elle l'heure du Méridien de Paris ou l'heure de l'Europe Centrale ? Le moment du choix est venu.

Ces quinze années qui s'achèvent et pendant lesquelles notre Patrie montra son visage le plus décevant, elles ne furent pas inutiles : la dure leçon de discipline ne fut pas inutile.

Mais nos jeunes artistes, dans l'intérêt essentiel de nos grandes industries du luxe, libérons-les du cilice cubique : ils ont été à la peine, qu'ils soient maintenant au plaisir. Plus fort d'une discipline vaillamment acceptée, que chacun d'entre eux laisse aujourd'hui sa personnalité française fleurir dans sa vérité et sa joie. Nous savons que nous n'avons rien à gagner à ce que chaque dessinateur de France fasse le même dessin.

Ne stérilisons plus leur jeunesse à l'aide du « Concept de la Machine » : c'est l'artiste qui doit inspirer la machine et non la machine l'artiste.

Oublions les lieux communs de terreur : « les leçons de la guerre..., etc. », cessons de trembler : les leçons qui nous intéressent, ce sont celles de l'avenir et c'est vers elles que nous devons marcher, sur notre route française, le cœur certain.

Et même si les apôtres humanitaires de la machine ont raison, qui nous prédisent que la France doit mourir, qu'il soit permis de préférer une mort française, à la grasse castration européenne qu'ils nous offrent généreusement.

Si la France doit être sauvée, ce n'est pas l'Europe qui la sauvera : c'est la France.

Sortons de la brume verbeuse des « concepts » américano-germano-soviétiques. Regardons ces clartés authentiques et françaises : ces beaux noms dans les grandes industries françaises qui en continuèrent la tradition de qualité. Par un effort français, immédiat et total, retrouvons la suite de l'éternelle arabesque qu'est notre fin génie.

Cette arabesque qui est nous et qui est tout : cette arabesque qui est l'oiseau, la femme, la fleur, la chanson, le parfum.

Cette arabesque qui est le mot, le rêve; cette arabesque qui est la pensée française, car nous ne pensons pas en cube, ni en machine.

L'arabesque est mouvante, le cube est immobile. L'arabesque est la liberté, le cube est la prison. L'arabesque c'est la gaieté, le cube c'est la tristesse. L'arabesque est féconde et le cube est stérile, car l'arabesque c'est une ligne vivante et « qui marche et qui mène où l'on veut aller ».

C'est entre ce cube Europe et cette arabesque France, qu'il nous faut choisir, et le moment du choix est venu.

Les dessins industriels qui suivent ne constituent qu'une illustration du principe de l'arabesque.

Ils ne tendent qu'à montrer la diversité des possibilités qu'elle nous offre et dont l'équilibre dans l'asymétrie n'est qu'un exemple.

Ils ne sont pas "ne varietur", ils ne sont que des indications de départ : les considérer comme arrêtés, serait le contraire même de l'esprit qui les a inspirés.

PLANCHE I

COMMODE

En bois naturel, miroir à cadre de cristal, brocart soie et argent

PLANCHE II

ORFÈVRERIE

Argent, vermeil, jade.

PLANCHE III

APPAREILS D'ÉCLAIRAGE

Supprimant le point lumineux.

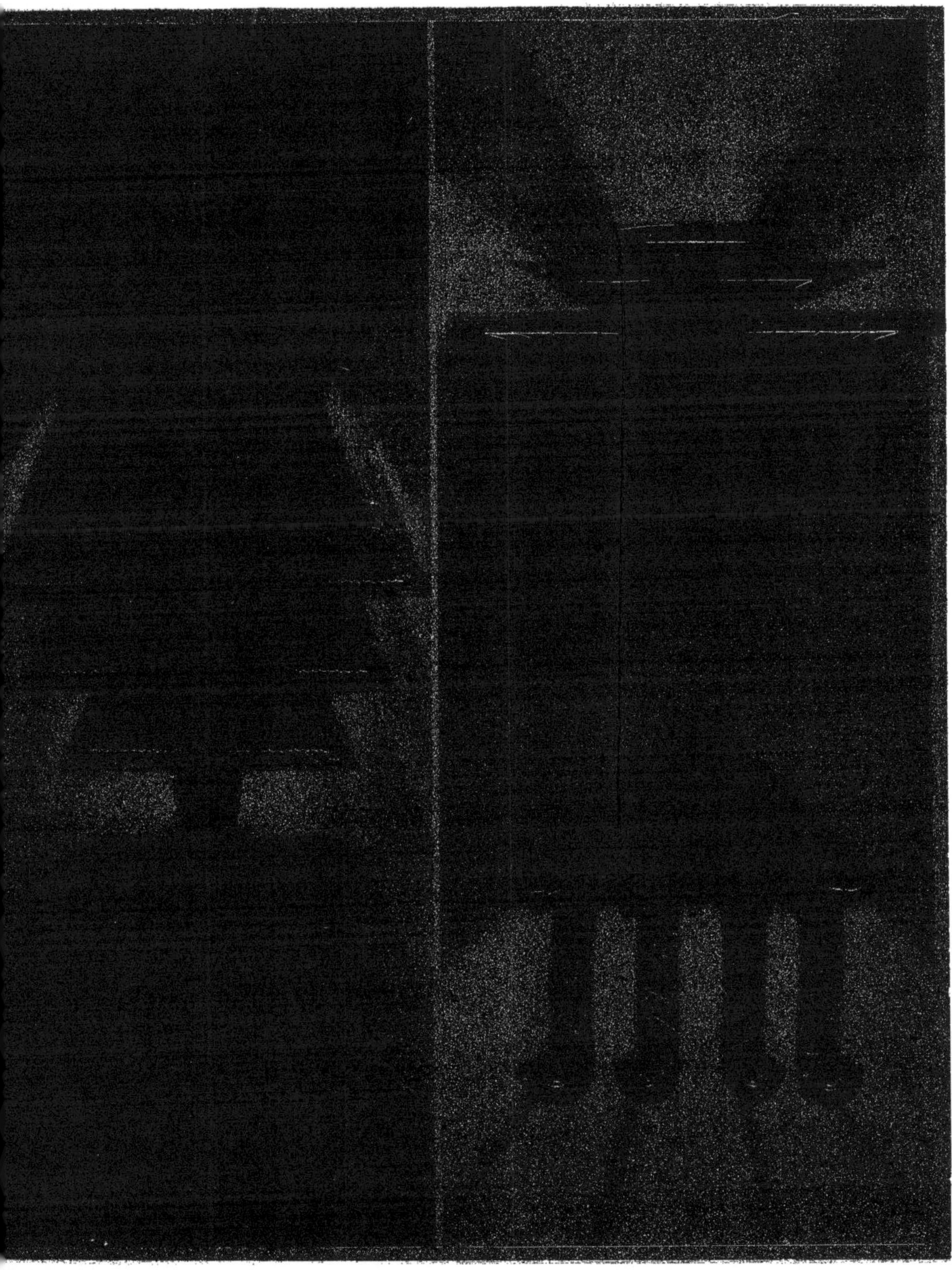

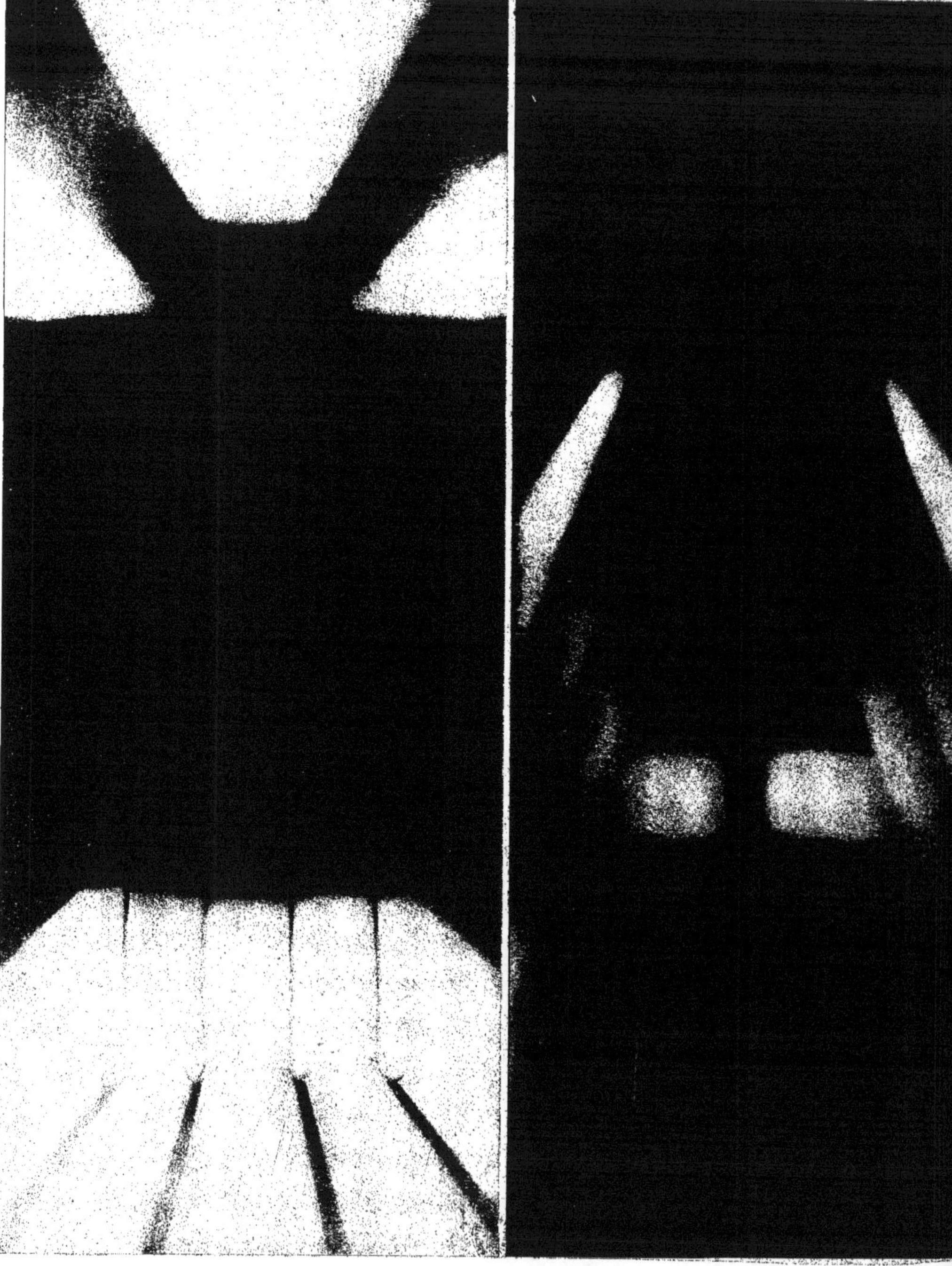

PLANCHE IV

TISSU D'AMEUBLEMENT

Composé de trois largeurs de tissu, le dessin se dégradant jusqu'à l'uni.

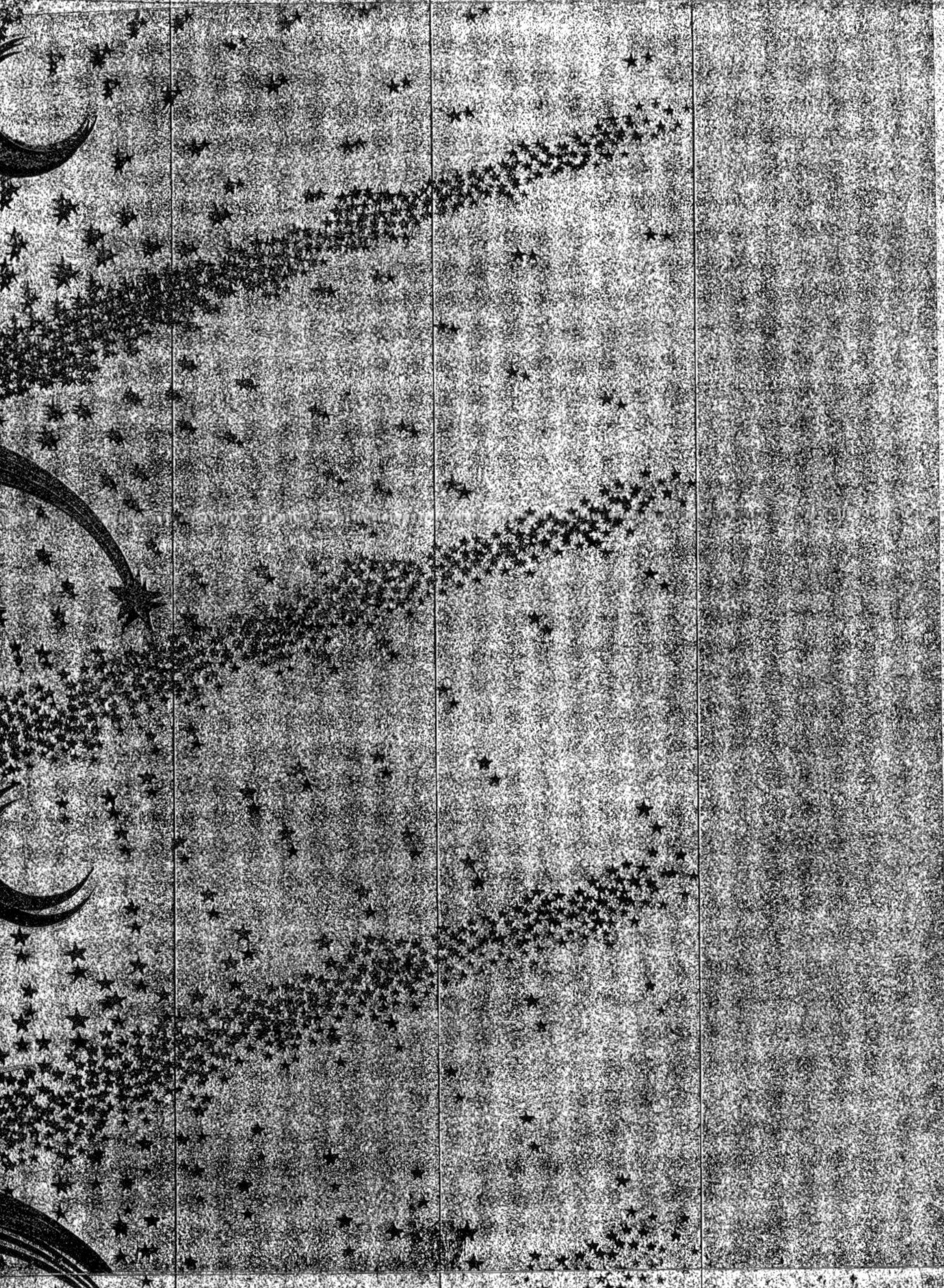

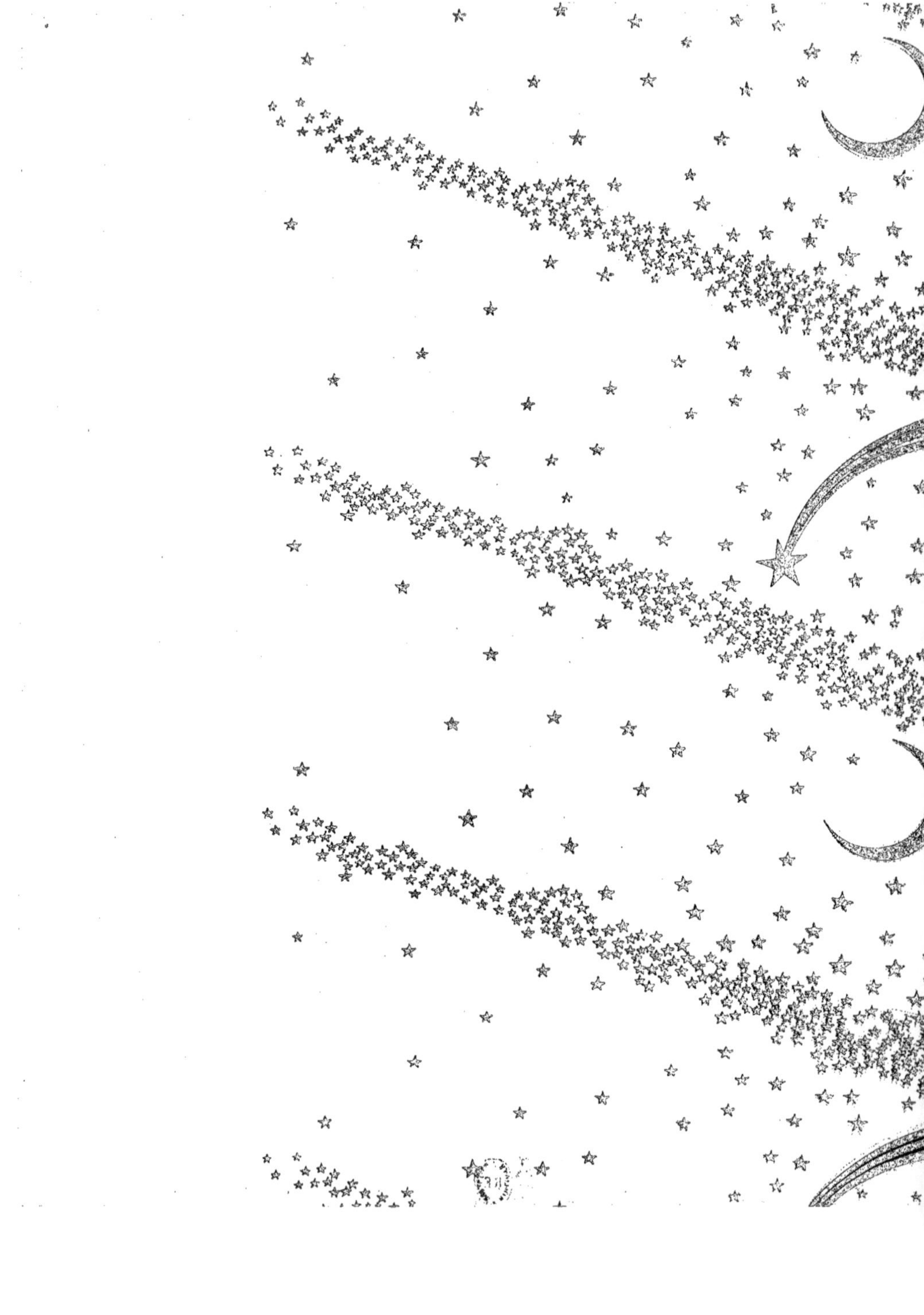

PLANCHE V

BIJOUX

Colliers, diamants, rubis et émeraudes de taille classique.

PLANCHE VI

CHAPEAUX & COIFFURES

PLANCHE VII

MANTEAU & ROBE DU SOIR

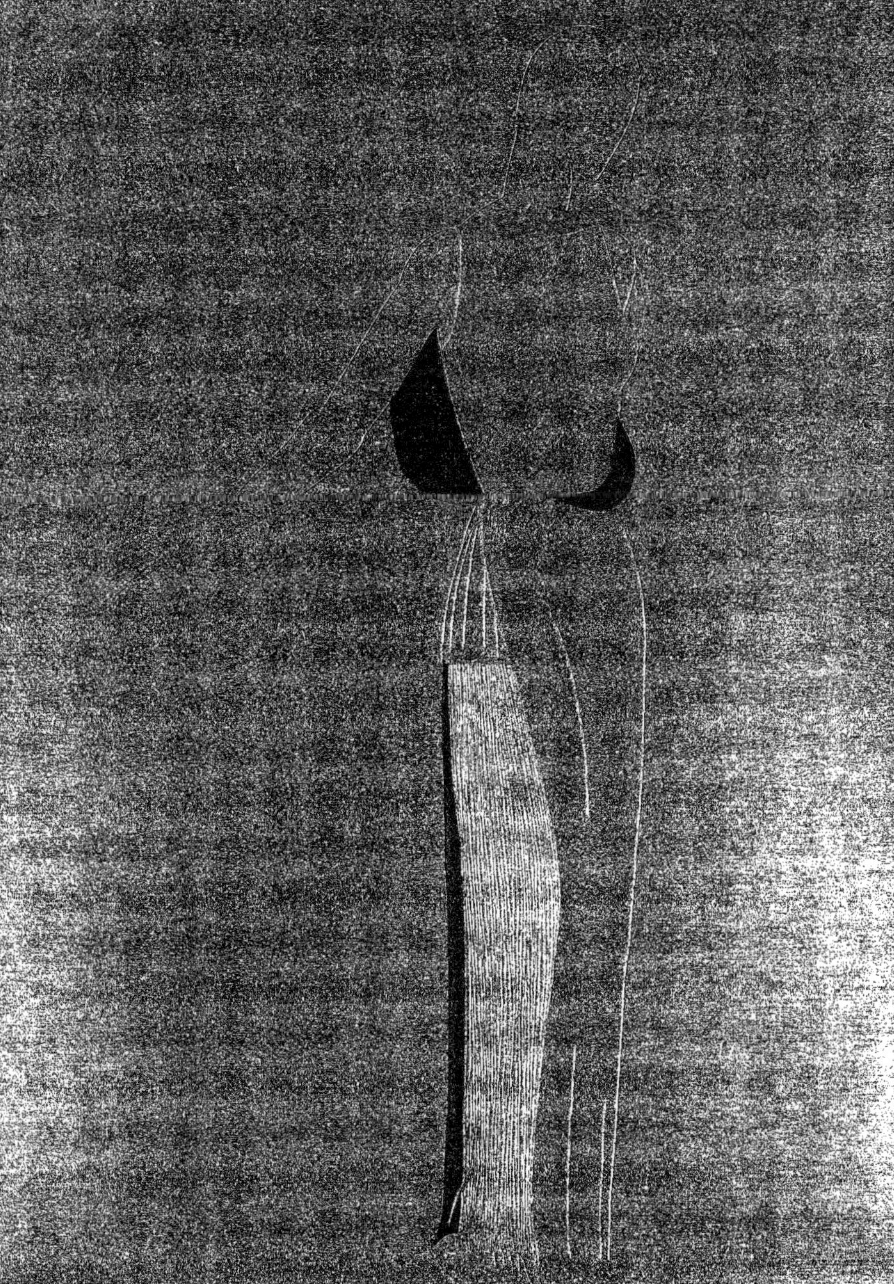

ACHEVÉ D'IMPRIMER
SUR LES PRESSES
DE DRAEGER FRÈRES
EN JUIN 1930

LICENCE RELIURE SPIRALE

www.ingramcontent.com/pod-product-compliance
Ingram Content Group UK Ltd.
Pitfield, Milton Keynes, MK11 3LW, UK
UKHW022118260726
13993UKWH00003B/1088